COLLECTION

DE

M. BAZIN Père

———

CATALOGUE

———

ANGERS

E. BARASSÉ, IMPRIMEUR-LIBRAIRE-ÉDITEUR,
Rue Saint-Laud, 83.

—

1872.

Collection de M. BAZIN père, Angers.

CATALOGUE

DES

TABLEAUX

ANCIENS ET MODERNES

DES DIVERSES ÉCOLES

DONT LA VENTE AURA LIEU

PAR SUITE DU DÉCÈS DE M. BAZIN PÈRE

A ANGERS, RUE D'ALSACE

Salle au-dessous du Cercle Catholique

les Jeudi 21 et Vendredi 22 mars 1872, à midi précis

L'Exposition particulière aura lieu le Mardi 19 et l'Exposition
publique le Mercredi 20 Mars, de Midi à Cinq heures.

M. ÉMILE BARRE	Mᵉ PORCHÉ
EXPERT	COMMISSAIRE-PRISEUR
Chaussée d'Antin, 20, Paris.	Rue Haute-Saint-Martin, Angers.

Les cartes pour l'Exposition particulière seront délivrées
chez Mᵉ PORCHÉ, commissaire-priseur.

CONDITIONS DE LA VENTE :

Elle sera faite au comptant.

Les adjudicataires paieront cinq pour cent en sus des enchères.

ORDRE DE LA VENTE :

La première vacation comprendra les 50 premiers numéros.

La deuxième vacation, le reste des objets compris au Catalogue.

Angers, imprimerie-librairie de E. BARASSÉ, rue St-Laud, 83. — 280-72.

Nous présentons à la vente la collection de tableaux d'un vieil amateur, qui, pendant tout le cours d'une vie longue et modeste, n'a pas éprouvé de plus grandes jouissances que celles d'acquérir, d'échanger ou de conserver ses tableaux.

Il en est plusieurs qui sont depuis soixante et quelques années dans sa collection ; d'autres au contraire viennent à peine d'y entrer.

Avec une connaissance approfondie des beautés de l'art, M. Bazin savait guetter et saisir l'occasion. C'est ainsi qu'il a pu se procurer quelques toiles de premier ordre.

Il ne préférait aucun genre : il acquérait tout ce qui lui semblait beau : aussi sa collection comprend-t-elle des échantillons de presque toutes les écoles.

Avant de mettre en vente ces tableaux, la famille a voulu les soumettre à l'appréciation d'un expert renommé, M. Emile Barre, de Paris. C'est la meilleure garantie d'authenticité qui puisse être offerte aux acheteurs.

PORCHÉ.

ÉCOLE MODERNE

1. **Crépin.** — Deux jolis paysages, faisant pendant.

> Haut., 14 cent.; larg., 19 cent.

2. **Coignet** (JULES). — Paysage, route de la Corniche.

> Haut., 24 cent.; larg., 26 cent.

3. **Coignet** (LÉON). — Marabout (Esquisse).

> Haut., 34 cent.; larg., 26 cent.

4. **Géré.** — Deux paysages pendants.

> Haut., 19 cent.; larg., 38 cent.

5. **Géré.** — Moulin, eau et canards.

> Haut., 37 cent.; larg., 45 cent.

6. **Fleury.** — La baie de Portici.

> Haut., 32 cent.; larg., 45 cent.

7. **Mallebranche.** — Effet de neige.

> Haut., 23 cent.; larg., 32 cent.

8. **Mallebranche.** — Clair de lune.

> Haut., 23 cent.; larg., 32 cent.

9. **École moderne**, d'après Landseer. — Têtes de chiens.

> Haut., 15 cent.; larg., 15 cent.

10. **Ecole moderne.** — Le Bénédicité.

> Haut., 25 cent; larg., 20 cent.

11. **Ecole moderne.** — La tireuse de cartes.

> Haut., 25 cent.; larg., 20 cent.

12. **Ecole moderne.** — Ververt au couvent.

> Haut., 25 cent.; larg., 20 cent.

ÉCOLES

ITALIENNE & ESPAGNOLE

13. **Bassan** (Antoine). — Le repas chez Simon le pharisien.

> Haut., 80 cent.; larg., 1 m. 08 cent.

14. **Dominiquin.** — La charité romaine.

> Haut., 1 m. 20 cent.; larg., 95 cent.

15. **Guido-Reni.** — La Magdeleine brisant ses bijoux.

> Haut., 1 m. 21 cent.; larg., 96 cent.

16. **Guaspre-Poussin.** — Paysage.

> Haut., 61 cent.; larg., 79 cent.

17. **Herrera.** — Saint François d'Assises.

> Haut., 85 cent.; larg., 72 cent.

18. **Josépin** (dit le CHEVALIER D'ARPINO). — Sainte Famille de la collection Pourtalès (n° 67 du catalogue).

> Haut., 28 cent.; larg., 18 cent.

19. **Murillo** (Ecole). — Assomption de la Vierge (cadre du temps, bois sculpté).

> Haut., 70 cent.; larg., 58 cent.

20. Orizonti (BLOEMEN). — Paysage avec personnages.

Haut., 57 cent.; larg., 81 cent.

21. Piasetta. — Tête de vieillard.

Haut., 25 cent.; larg., 16 cent.

22. Tempestino (MICHEL). — Marine. Tempête.

Haut., 62 cent.; larg., 90 cent.

23. Servandoni. — Ruines.

Haut., 37 cent.; larg., 52 cent.

24. Titiano-Vecelli (dit le Titien). — Portrait d'un banquier de Venise, probablement le frère du Titien.

(Ce tableau de premier ordre et entièrement pur, a fait partie de la galerie du cardinal Fesch, puis de celle du prince de Beauveau.) M. Bazin l'acquit de ce dernier.

Haut., 1 m. 20; larg. 95 cent.

25. Trevisani-Angelo. — La vierge et l'enfant Jésus, bordure sculptée du temps.

Haut., 77 cent.; larg., 60 cent.

26. Ecole italienne. — L'ange apparaissant aux saintes femmes.

Haut., 28 cent.; larg., 20 cent.

27. Ecole italienne — Tête de jeune garçon (étude).

Haut., 17 cent.; larg., 14 cent.

28. Ecole italienne. — Paysage.

Haut., 75 cent.; larg., 1 m. 05 cent

29. Ecole italienne. — L'aurore (Sepia).

Haut, 22 cent.; larg., 35 cent.

ÉCOLES

FLAMANDE & HOLLANDAISE

---

30. **Bol** (FERDINAND). — Diogène cherchant un homme (cadre sculpté du temps).

Haut., 98 cent. ; larg., 79 cent.

31. **Breughel** (**Peter**) (dit le Vieux). — Paysage et chasseurs (médaillon).

Larg. 26 cent.

32. **Brauwer** (Adriaan). — Le chirurgien de village.

Haut., 17 cent. ; larg., 14 cent.

33. **Diepenbeck** (ABRAHAM VAN), élève de Rubens. — Lion dévorant un cheval.

Haut., 30 cent. ; larg., 20 cent.

34. **Diétrick**. — Marine, naufrage.

Haut., 23 cent. ; larg., 27 cent.

35. **Diétricy** (CHRISTIAN). — Guerriers du temps de Jacques II, dans un défilé.

Haut., 42 cent. ; larg., 34 cent.

36. **Van Loo** (MICHEL). — Portrait d'un seigneur du temps de Louis XV.

Haut., 54 cent. ; larg., 43 cent.

37. **Govaert** (FLINCH), élève de Rambrandt. — Portrait d'un jeune homme.

> Haut., 82 cent. ; larg., 68 cent.

38. **Van Goyen.** — Paysage.

> Haut., 29 cent. ; larg., 51 cent.

39. **Franck** (le Vieux). — Adoration des Rois (sur cuivre).

> Haut., 48 cent. ; larg., 65 cent.

40. **Franck** (Floris). — Adoration du Veau d'or (sur cuivre).

> Haut., 32 cent. ; larg., 42 cent.

41. **Gerard de Lairesse.** — La chasteté de Joseph.

> Haut., 39 cent. ; larg., 56 cent.

42. **Omméganck** (Balthazar). — Paysage et moutons.

> Haut., 19 cent. ; larg., 29 cent.

43. **Van Ostade** (Adrien), école de. — Une marchande de sardines.

> Haut., 38 cent. ; larg., 29 cent.

44. **Rubens** (Copie d'après). — Le denier de César.

> Haut., 27 cent. ; larg., 36 cent.

45. **Schmith** (élève et rival de Backuisen). — Marine et barques hollandaises.

> Haut., 39 cent. ; larg., 60 cent.

46. **Seghers** (Daniel). — Fleurs.

> Haut., 66 cent. ; larg. 42 cent.

47. **Solmalker.** — Paysage et animaux.

> Haut., 21 cent. ; larg., 15 cent.

48. **Teniers-David** (Jeune). — Intérieur d'une taverne. Tableau sur panneau (signé).

> Haut., 42 cent. ; larg., 56 cent.

49. **Teniers-David** (Jeune). — Le joueur de Musette.

Haut., 12 cent. ; larg., 10 cent.

50. **Van Utrecht.** — Coq, poules, dindons, etc.

Haut., 68 cent. ; larg., 87 cent.

51. **Van Dick** (Antoine), école. — Portrait d'un guerrier (esquisse).

Haut., 75 cent. ; larg., 50 cent.

52. **Ecole flamande.** — Portrait de jeune homme.

Haut., 44 cent. ; larg., 37 cent.

ÉCOLE FRANÇAISE

53. **Boilly.** — Portrait d'homme (esquisse).

Haut., 77 cent.; larg., 60 cent.

54. **Bourdon** (Sébastien). — Sacrifice à Jupiter.

Haut., 46 cent.; larg., 36 cent.

55. **Chartier.** — Léda, Diane, deux miniatures.

Haut., 6 cent.; larg., 8 cent.

56. **Casanova.** — Départ d'une jeune femme à cheval pour la chasse au faucon.

Haut , 27 cent.; larg., 21 cent.

57. **Drolling.** — Paysage.

Haut., 37 cent.; larg., 50 cent.

58. **Drouais.** — Portrait de Gluck.

Haut., 72 cent.; larg., 59 cent.

59. **Gabé,** d'après Boucher. — Les jeunes Amoureux.

Haut., 36 cent.; larg., 27 cent.

60. **Jouvenet.** — Le bon Pasteur (esquisse).

Haut., 39 cent ; larg., 31 cent.

61. **Lacroix,** — Marine.

Haut., 25 cent.; larg., 31 cent.

62. **Lantara** (d'après). — Clair de Lune.

Haut., 11 cent.; larg., 22 cent.

62 *bis*. **Lebrun** (Ecole de). — Adoration des Mages.

Haut., 1 m. 22; larg., 1 m. 22.

63. **Loutherbourg**. — Passage du Gué.

Haut., 21 cent.; larg., 31 cent.

64. **Marchand** (ancien directeur du Musée d'Angers). — Portrait aquarellé du Cardinal de Rohan.

Haut., 53 cent.; larg., 44 cent.

65. **Oudry**. — Canard.

Haut., 14 cent.; larg., 10 cent.

66. **Poussin** (NICOLAS). — Dessin.

Haut., 13 cent.; larg., 11 cent.

67. **Morels**. — Fruits, pêches.

Haut., 26 cent.; larg., 37 cent.

68. **Raoux**. — Le jeu du bilboquet.

Haut., 77 cent.; larg., 62 cent.

69. **Vallin**. — La jeune lectrice.

Haut., 39 cent.; larg., 29 cent.

70. **Ecole française**. — Portrait d'un seigneur sous Louis XIV, miniature sur vélin.

Haut., 25 cent.; larg., 15 cent.

71. **Duval**. — Un petit paysage.

72. **Gros** (CLAUDE), réduction d'après. — Les Buveurs.

Haut., 30 cent.; larg., 45 cent.

73. Sous ce numéro il sera vendu 35 tableaux de diverses écoles (non catalogués).

74. **Auguste Arnaud.** — Buste d'Henri IV, réduit. (Composition.)

75. Bouquet de fleurs en cire de MONDARBON.

76. Le Musée des Familles, collection complète.

77. L'Album Vendéen, complet.

78. Les Animaux peints par eux-mêmes, de GRANVILLE.

79. Les Plâtres du Laocoon, de la flagellation et d'une coupe antique.

80. Lithographies, Dessins et Gravures.

81. Armes chinoises et indoues. Idoles japonaises.